Chouette CE2

8-9 ANS

Anglais

Corinne Touati

Professeur d'anglais

Paul Beaupère

Illustrateur

Écris ton prénom.

....

Hatier

Présentation

La classe de **CE2** est bien souvent pour votre enfant sa deuxième année d'apprentissage d'une langue vivante, à l'oral et à l'écrit. Ce cahier, conforme au programme de l'Éducation nationale, va donc l'aider à consolider et à développer ses premières notions d'**anglais.**

- Chaque chapitre propose du vocabulaire très simple et quelques notions grammaticales en s'appuyant sur des thématiques du quotidien (l'alimentation, les vêtements, les couleurs, les repas...).
- Les exercices progressifs permettent ensuite à votre enfant de réinvestir ses connaissances, le plus souvent sous forme de jeux.

Au pluriel, la plupart des noms anglais prennent un "s" final. (Exemple : **a book → two books**).

■ Avant de commencer les exercices du cahier, votre enfant peut faire le test d'anglais page 4 pour évaluer son niveau. Ensuite, il pourra travailler sur les chapitres dans l'ordre qu'il souhaite.

■ Sur chaque double-page, la rubrique **JE COMPRENDS** donne quelques mots de vocabulaire ou des expressions en lien avec le thème abordé.

■ Les **exercices**, très illustrés, sont proposés avec un niveau de difficulté croissant. Une petite **ASTUCE**, sur fond bleu, donne régulièrement à votre enfant un coup de pouce pour l'aider à résoudre un exercice, ou bien une information culturelle sur les pays anglophones.

■ Au centre du cahier, les **corrigés détachables** permettent la vérification des réponses. Ensuite, votre enfant pourra cocher au bas de chaque double-page la case verte s'il l'a très bien réussie, la case orange s'il l'a moyennement réussie ou la case rouge si ses erreurs sont nombreuses. Il peut enfin reporter ce résultat dans le tableau de bord du cahier page 3. Cela vous permettra de distinguer rapidement les notions bien acquises et celles qu'il est encore nécessaire d'approfondir.

■ Sur les dernières pages de ce cahier, votre enfant trouvera un **lexique** des mots à connaître et une **carte** des pays anglophones.

■ Sur le site gratuit **www.hatier-entrainement.com** votre enfant pourra améliorer sa prononciation et enrichir son vocabulaire grâce à des compléments audio en anglais.

■ Dans ce cahier, certains mots sont écrits selon les prérogatives du Ministère de l'Éducation nationale, recommandant d'appliquer la nouvelle orthographe. Par exemple, le mot « goûter » devra dorénavant s'écrire « gouter », ou encore le mot composé « des après-midi » s'écrira « des après-midis » et en français "week-end" s'écrira "weekend".

Cet ouvrage est conforme à la nouvelle orthographe – www.orthographe-recommandee.info

© Hatier, 8 rue d'Assas, 75006 Paris – 2019 – ISBN : 978-2-401-05050-1
Conception graphique : Frédéric Jély • Édition : Imaginemos/Jean Gomez • Mise en page : Nadine Aymard • Illustrations : Paul Beaupère • Chouettes : Adrien Siroy.

Achevé d'imprimer en France par Loire Offset Titoulet à Saint-Étienne
N°d'imprimeur : 102043 - Dépôt légal : 05050-1/01 - Novembre 2018

Ton tableau de bord

Écris la date à laquelle tu as fini chaque chapitre et coche la case ☐ ☐ ☐ qui correspond à ton niveau de réussite aux exercices.

Rendez-vous sur le site **www.hatier-entrainement.com** pour faire le **bilan** de tes connaissances en **ANGLAIS** !

TEST

Avant de commencer les activités de ton cahier, réponds à ces questions. Puis consulte le tableau page 2 du livret détachable pour découvrir les résultats de ton test d'anglais !

1. *Dix* se dit *ten*.
VRAI ☐ FAUX ☐

2. Pour dormir, tu iras dans :
the bedroom ☐ *the kitchen* ☐

3. Pour dire *Bonjour* l'après-midi, tu diras *Good afternoon!*
VRAI ☐ FAUX ☐

4. *A pet* est un animal domestique.
VRAI ☐ FAUX ☐

5. *on* signifie *sur* (exemple : the cat is on the bed).
VRAI ☐ FAUX ☐

6. Le contraire de *cold* est *small*.
VRAI ☐ FAUX ☐

7. Pour sentir une fleur, tu utilises :
the ear ☐ *the nose* ☐

8. *four + five = seven*
VRAI ☐ FAUX ☐

9. Tu écris sur ton cahier avec :
a pen ☐ *a ruler* ☐

10. La couleur du soleil est :
green ☐ *yellow* ☐

11. *Boire* en anglais se dit :
eat ☐ *drink* ☐

12. Si tu as soif, tu bois :
water ☐ *green peas* ☐

13. Le soleil est *cold*.
VRAI ☐ FAUX ☐

14. Pour faire de l'équitation, tu montes sur :
a bird ☐ *a horse* ☐

15. Pour dire que tu possèdes quelque chose, tu diras *I've got*.
VRAI ☐ FAUX ☐

16. La forme d'une balle est *a circle*.
VRAI ☐ FAUX ☐

17. Tu cuisines dans :
the bedroom ☐ *the kitchen* ☐

18. Si tu as faim, tu peux manger :
an apple ☐ *the milk* ☐

19. Pour décrire un éléphant, tu diras qu'il est *big*.
VRAI ☐ FAUX ☐

20. Pour dire *Au revoir,* tu diras *Good bye*.
VRAI ☐ FAUX ☐

21. *A dog* peut voler.
VRAI ☐ FAUX ☐

22. Si tu es malade, tu vas consulter :
a grocer ☐ *a doctor* ☐

23. On s'assoit sur :
a chair ☐ *a pencil* ☐

24. *A cow* donne du lait.
VRAI ☐ FAUX ☐

25. Tu peux acheter du pain et des gâteaux chez :
the baker ☐ *the butcher* ☐

Hello!

Grâce à ce cahier, tu vas jouer avec tes premiers mots d'anglais. Si tu ne comprends pas tout, le lexique de la page 48 t'aidera.

Prépare ton crayon, ta gomme et tes crayons de couleur !

Amuse-toi bien ! *Have fun!*

■ Chaque chapitre de ce cahier te propose 2 pages pour travailler le **vocabulaire** d'un thème bien précis.

■ Lis attentivement le **vocabulaire** de l'encadré jaune avant de commencer les exercices.

Pantalon se dit **trousers** et prend toujours un « s ».

→ Parfois, la chouette te donne une petite astuce ou un conseil pour t'aider à faire les **exercices**, ou bien une information sur les habitudes ou les traditions des pays anglophones.

→ Après avoir regardé le livret des **corrigés**, tu pourras cocher l'une des trois cases situées en bas de chaque double-page : la case verte si tu as tout bon, la case orange s'il y a 1 ou 2 erreurs et la case rouge s'il y en a davantage. Tu peux ensuite reporter tes résultats sur le **sommaire/ tableau de bord** de la page 3.

→ Sur les dernières pages du cahier, tu trouveras un **lexique** pour t'aider à comprendre les mots de tous les exercices. Tu peux le regarder autant de fois que nécessaire.

1 Salut ! Comment vas-tu ?
Hello! How are you?

JE COMPRENDS

▸ Il existe quatre façons de dire *bonjour* en anglais selon les moments de la journée.
Good morning, le matin. **Good afternoon**, l'après-midi.
Good evening, le soir. **Good night**, avant de dormir, pour dire bonne nuit.

Salut ! se dit : **Hello!** ou **Hi!**
Au revoir se dit : **Good bye!**

Hi est assez familier, il se prononce « aï ». **How are you** sert à demander comment on va. La réponse est **I'm fine** (je vais bien.)

1 Relie les dessins aux messages correspondants.

Good morning! Good afternoon! Good evening!

Good bye! Good night!

2 Décode ces mots et complète la grille de lettres.

R	I	N	E	O										
■	◆	✿	💧	➔	□	☆	⬅	×	✸	☺	✇	▲	●	⊙

a. □ ➔ ■ ✿ ◆ ✿ ☆ = ...

b. ✿ ◆ ☆ ⬅ ● = ...

c. ✸ ◆ ✿ 💧 = ...

d. 💧 ☺ 💧 ✿ ◆ ✿ ☆ = ...

e. ⬅ ➔ × ✇ ■ 💧 ▲ ➔ ⊙ ? = ...

Commence par remplacer les signes par les lettres qui te sont données. Tu pourras ensuite décoder les autres signes.

3 Que disent ces deux enfants ? Complète les bulles.

Corrigés p. 2

....

2 Ma famille. My family.

JE COMPRENDS

Papa se dit **Daddy** ou **Dad**.
Maman se dit **Mummy** ou **Mum**.
Grandpa et **grandma** sont les diminutifs de **grandfather** et **grandmother**.

1 Les lettres de ces mots se sont emmêlées. Remets-les dans le bon ordre pour trouver le nom des membres de la famille.

nlceu : ....

treiss : ....

hmotre : ....

fehtra : ....

uatn : ....

apngrad : ....

usocni : ....

2 **Colorie en jaune dans chaque tableau les mots qui désignent la famille. Une fois qu'ils seront coloriés, tu dois avoir formé une ligne droite ou oblique dans chaque tableau.**

father	table	cat
red	mummy	book
pen	blue	sister

white	brother	tiger
yellow	grandma	lion
dog	uncle	orange

bag	pupil	on
aunt	daddy	cousin
under	in	teacher

3 **Complète cet arbre généalogique avec les membres de ta famille. Tu peux te faire aider par tes parents. Écris sous chaque photo ou portrait qui ils sont en anglais.**

Arbre généalogique se dit **family tree**.

Corrigés p. 2

....

3 Ma maison. My house.

JE COMPRENDS

1 **Les mots désignant chaque pièce sont mal placés. Replace-les au bon endroit à l'aide de flèches.**

2 Où trouves-tu ces objets ? Entoure la bonne réponse.

	dining room	kitchen	bathroom
	living room	garden	bedroom
	bathroom	living room	kitchen
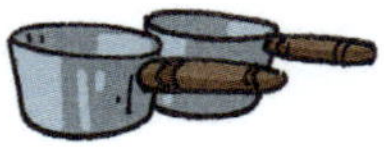	kitchen	garden	bathroom
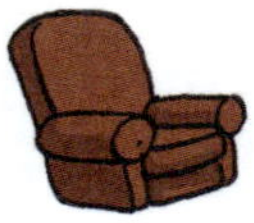	bedroom	living room	bathroom
	dining room	garden	bedroom

3 Combien de fantômes sont cachés dans cette maison ? Écris en anglais le nom des pièces où tu les as retrouvés.

Les .... fantômes sont cachés dans : ....

....

Fantôme se dit **ghost** en anglais.

Corrigés p. 2

....

4 Les vêtements. Clothes.

JE COMPRENDS

Pantalon se dit **trousers** et prend toujours un « s ».

1 Trace une flèche pour relier les étiquettes au bon vêtement.

dress hat skirt jacket trousers slippers

2 **Écris le nom des vêtements de ce bonhomme. Puis, entoure l'intrus et écris à côté le vêtement que tu proposes en remplacement.**

....

....

....

3 **Entoure les bonnes réponses.**

- Que porte-t-on sur la tête ? trousers - slippers - hat
- Lesquels de ces vêtements sont portés par les filles ? dress - trousers - tie
- Que met-on autour du cou ? tie - skirt - hat
- Quel vêtement les garçons ne portent pas en général ? tie - jacket - dress

En Écosse, le **kilt** est un habit traditionnel porté par les hommes. C'est une jupe plissée en laine, attachée sur le côté par une épingle, portée lors de certaines fêtes traditionnelles.

Corrigés p. 3

....

5 Le visage et le corps.
The face and the body.

JE COMPRENDS

knee : le **k** de ce mot ne se prononce pas.

Le pluriel de **tooth** (dent) est **teeth** et celui de **foot** (pied) est **feet**.

1 **Pour chaque dessin, entoure la bonne réponse.**

	foot	arm	knee
	feet	ear	neck
	toes	leg	fingers
	mouth	shoulder	arm
	neck	eye	nose
	leg	arm	head

2 **Remplace chaque dessin ou chiffre par la première lettre de son nom. Cela te permettra d'écrire des mots anglais.**

5 I N G E 

 E A 

 O O T 

9 E C 

Cerf-volant se dit **kite** en anglais.

3 **En anglais, « Jacques a dit ... » se traduit par « Simon says ...». Mets une croix sur la partie du corps ou du visage que tu dois toucher, mais seulement quand Simon te le demande !**

Simon says « Touch your toes! »

Touch your nose!

Simon says « Touch your head! »

Simon says « Touch your neck! »

Touch your mouth!

Touch your knees!

Simon says « Touch your shoulders! »

Touch signifie touche.

Corrigés p. 3

....

6 Quelques adjectifs.
Some adjectives.

JE COMPRENDS

1 **Relie chaque étiquette à la bonne personne.**

I'm fast. | I'm slow. | I'm happy. | I'm sad. | I'm big. | I'm small.

I am = **I'm** signifie je suis.

2 Relie chaque adjectif à son contraire puis entoure l'intrus.

Big

Long

Fast

White

Sad

Small

Short

Happy

Slow

3 Ces adjectifs ont perdu quelques lettres. Retrouve-les.

B ___ ___

___ A P ___ ___

___ ___ O W

___ A ___

L ___ ___ G

S ___ ___ ___ L

S ___ ___ R T

___ ___ S ___

Quel adjectif anglais de la liste utiliserais-tu pour qualifier le cou de la girafe ?

Corrigés p. 3

....

7 À l'école. At school.

JE COMPRENDS

À la place de **rubber**, on peut aussi dire **eraser** pour le mot gomme.

Les élèves anglais portent généralement un uniforme avec le blason de leur école sur la veste.

1 **Relie chaque mot au dessin correspondant. Attention, il y en a un de trop !**

exercise book • pupil • rubber • pencil case • book • ruler

2 **Écris le nom de ces objets. Les lettres en bleu te donneront un nouveau mot qui signifie *tableau* en anglais.**

_ _ _ _ _ _   _ _ _ _ _ _ _

_ _ _ _   _ _ _ _ _

_ _ _ _ D

3 **Que vois-tu dans cette trousse ?**

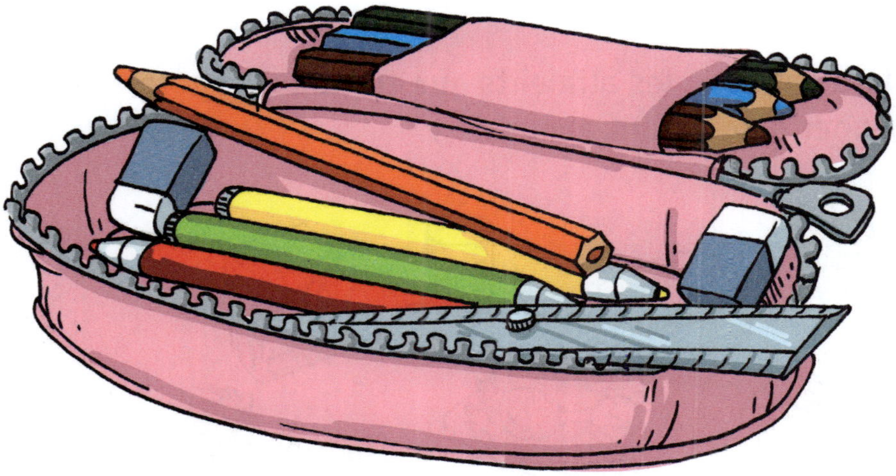

I can see : one ...., two ....,
three .... and four ....

I can see signifie je vois.

Au pluriel, la plupart des noms anglais prennent un "s" final. (Exemple : **a book** → **two books**).

Corrigés p. 3

....

8 Le petit déjeuner. Breakfast.

JE COMPRENDS

Le **bacon** désigne du lard salé qui se mange très souvent en Angleterre avec des œufs et des flageolets au petit déjeuner.

1 **Entoure, dans la liste de mots, les aliments que tu trouves sur la table du petit déjeuner d'un enfant anglais.**

toast cereals tea chicken orange juice
hamburger bacon and eggs milk carrots

2 **Qui a la bonne assiette ? Entoure celle qui correspond à l’assiette du modèle.**

Mary

Ben

Jo

La confiture se dit **jam** en anglais. Ne confonds pas **jam** (confiture) et **jelly** qui est un dessert typiquement anglais à base de gélatine.

3 **Complète cette grille en t'aidant des dessins.**

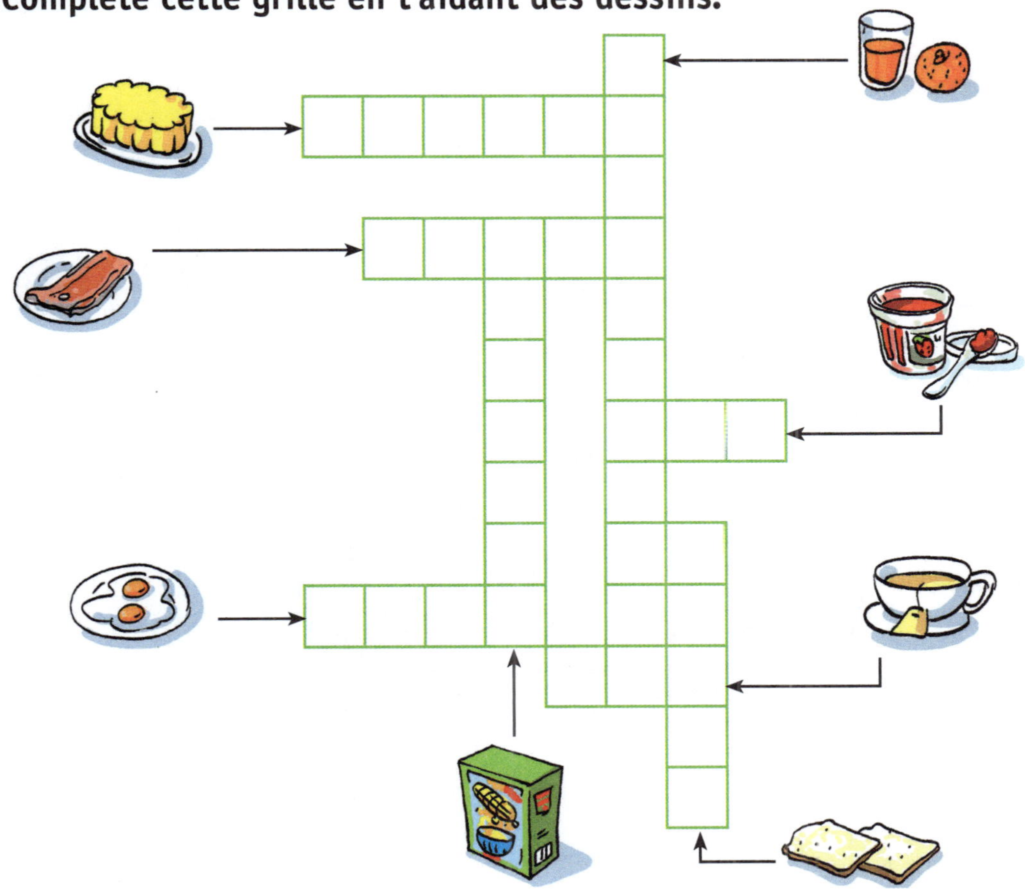

Corrigés p. 3-4

....

9 Le déjeuner et le diner.
Lunch and dinner.

JE COMPRENDS

To have lunch, **to have dinner** signifient déjeuner, diner.

1 **Cet homme a passé une commande pour son déjeuner. Écris les noms de ce qui manque dans son assiette puis barre sur le dessin les aliments qui ne correspondent pas à son choix.**

....

2 **Écris le nom de ces aliments. Les lettres en bleu complèteront le mot qui signifie *serveur* en anglais.**

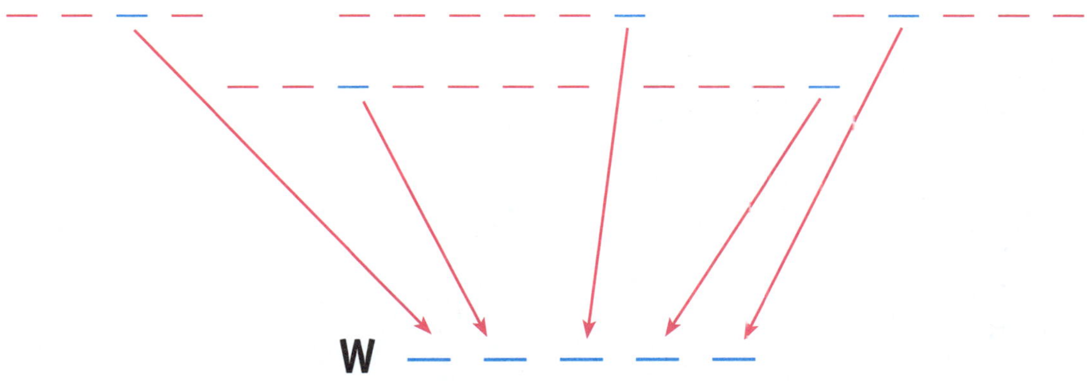

3 **Colorie uniquement dans ce panier les aliments mentionnés sur le menu de ce restaurant.**

Un panier se dit **shopping basket** en anglais.

Corrigés p. 4

....

10 Les saisons. Quel temps fait-il ?
Seasons. What's the weather like?

JE COMPRENDS

Pour demander quel temps il fait, on pose la question suivante : **What's the weather like?**

Lorsqu'il y a du soleil, on dit : **it's sunny.**

Lorsque le temps est nuageux, on dit : **it's cloudy.**

Lorsqu'il y a du vent, on dit : **it's windy**.

Lorsqu'il pleut, il faut dire : **it's raining.**

1 **Relie les saisons aux éléments qui leur correspondent.**

WINTER SPRING SUMMER AUTUMN

Chouette CE2

8-9 ANS

Les corrigés

Anglais

L'apprentissage d'une langue, étrangère ou régionale, est défini par cinq activités : écouter et comprendre, lire, parler en continu, écrire, réagir et dialoguer. À la fin du cycle 2, c'est-à-dire au CE2, votre enfant devra avoir atteint le niveau A1 dans ces cinq activités.

Le niveau A1 est le niveau introductif. À ce stade, l'élève est capable d'écouter et de comprendre des mots familiers et des expressions courantes sur son environnement immédiat. Il peut lire et dire de courtes phrases. Il est capable de copier un modèle écrit, de rédiger un message court et de renseigner un questionnaire simple. Il peut aussi communiquer à l'oral, à condition que son interlocuteur soit disposé à répéter ses phrases plus lentement et à l'aider à formuler ce qu'il essaie de dire.

Hatier

Corrigé du test p. 4

1. ☒ vrai - 2. ☒ the bedroom - 3. ☒ vrai - 4. ☒ vrai - 5. ☒ vrai - 6. ☒ faux - 7. ☒ the nose - 8. ☒ faux - 9. ☒ a pen - 10. ☒ yellow - 11. ☒ drink - 12. ☒ water - 13. ☒ faux - 14. ☒ a horse - 15. ☒ vrai - 16. ☒ vrai - 17. ☒ the kitchen - 18. ☒ an apple - 19. ☒ vrai - 20. ☒ vrai - 21. ☒ faux - 22. ☒ a doctor - 23. ☒ a chair - 24. ☒ vrai - 25. ☒ the baker

Unité 1 p. 6

1

2

R	I	N	E	O	M	G	H	W	F	V	A	Y	T	U
■	◆	✿	💧	→	□	☆	←	×	✸	☺	✇	⮝	●	⊙

a. MORNING
b. NIGHT
c. FINE
d. EVENING
e. HOW ARE YOU?

3 Hi!
Good morning!
How are you?
Fine, thanks!

Unité 2 p. 8

1 uncle - sister - mother - father - aunt - grandpa - cousin

2

father	table	cat
red	**mummy**	book
pen	blue	**sister**
white	**brother**	tiger
yellow	**grandma**	lion
dog	**uncle**	orange
bag	pupil	on
aunt	daddy	**cousin**
under	in	teacher

Unité 3 p. 10

1

2 bathroom - garden - living room - kitchen - living room - bedroom

3 Les 5 fantômes sont cachés dans : garden, living room, kitchen, bathroom, bedroom.

Unité 4 p. 12

1

2 skirt - jacket - tie - shirt - shoes
L'intrus est « skirt » que l'on peut remplacer par « trousers » ou « jeans ».

3 hat - dress et trousers - tie - dress

Unité 5 p. 14

1 Knee - neck - toes - mouth - nose - head

2 Finger - Head - Tooth - Neck

3 . « Touch your toes! »
. « Touch your head! »
. « Touch your neck! »
. « Touch your shoulders! »

Unité 6 p. 16

1

2 Big → small Slow → fast
Sad → happy Short → long
L'intrus est « white ».

3 BIG - HAPPY - SLOW - SAD - LONG - SMALL - SHORT - FAST
Pour qualifier le cou de la girafe, j'utiliserai l'adjectif « long ».

Unité 7 p. 18

1

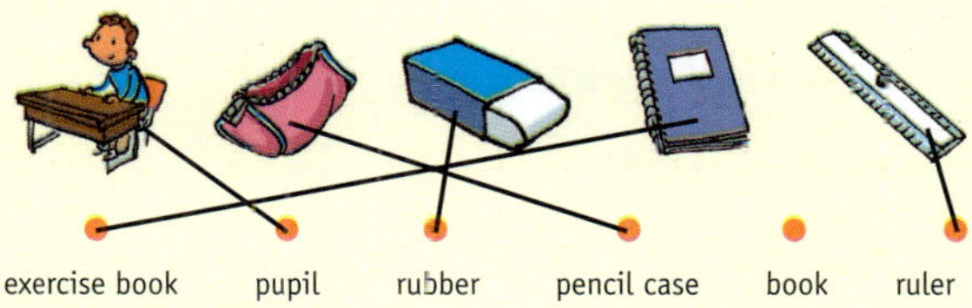

L'intrus est **book** (livre).

2 Rubber - book - teacher - ruler
Le mot à retrouver est **board**.

3 I can see : one ruler, two rubbers, three pencils and four pens.

Unité 8 p. 20

1 toast - cereals - tea - orange juice - bacon and eggs - milk

2 La bonne assiette est celle de Jo. Elle a bien : toast, butter, milk and eggs.

3

					O		
B	U	T	T	E	R		
					A		
	B	A	C	O	N		
			E		G		
			R		E		
			E		J	A	M
			A		U		
			L		I	T	
E	G	G	S		C	O	
				T	E	A	
						S	
						T	

Unité 9

p. 22

1 Dans l'assiette, il manque : peas - tomatoes. Il faut barrer sur le dessin les carottes et les haricots verts.

2 peas - chicken - carrot - cake - bread
Le mot à trouver est **waiter**.

3

Unité 10

p. 24

1

2 It is **summer.**
It is **winter.**
It is **autumn.**

3 It's cloudy in London.
No, it's sunny in Manchester.
It's windy in Brighton.
No, it's raining in Plymouth.

Unité 11

p. 26

1

2

two + four = six

five + five = ten

six + one = seven

three + five = eight

3 06 78 34 27 89 → 0, six, seven, eight, three, four, two, seven, eight, nine.

04 28 59 00 87 → 0, four, two, eight, five, nine, 0, 0, eight, seven.
01 18 56 99 23 → 0, one, one, eight, five, six, nine, nine, two, three.

Unité 12 p. 28

1

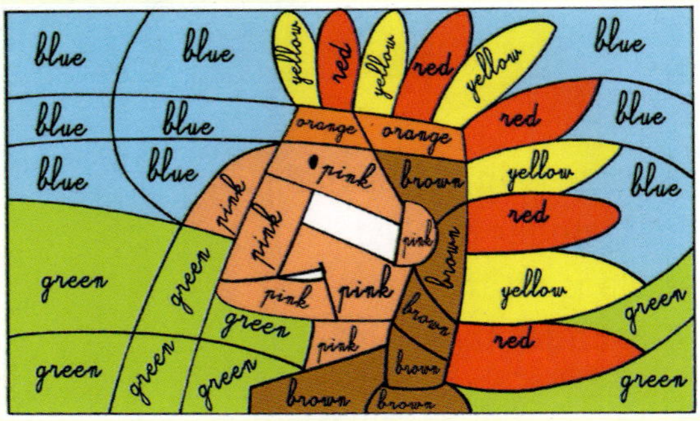

2

3

Unité 13 p. 30

1

It's 6 o'clock.

It's 12 o'clock.

It's 5 o'clock.

It's 10 o'clock.

2 It's eleven o'clock.
It's two o'clock.
It's seven o'clock.

3

- I get up at
- I have dinner at
- I have lunch at
- I go to bed at

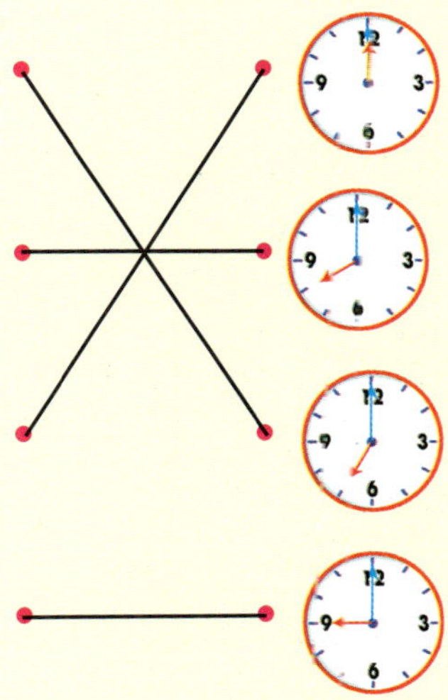

Unité 14 p. 32

1 donkey - chick - duck - horse - cow - bird.

2 cow - horse - chicken - donkey - pig.

3

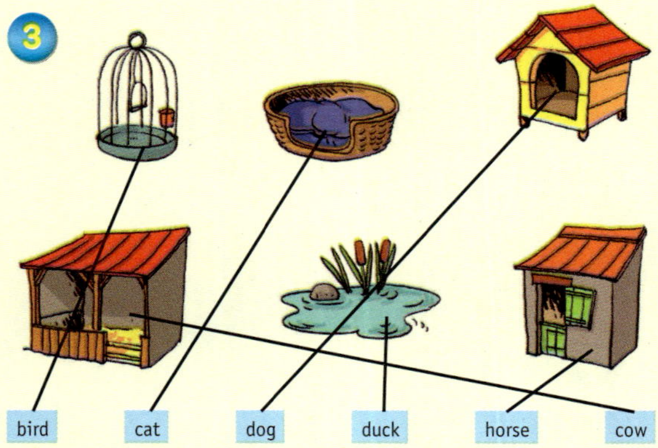

Unité 15 p. 34

1

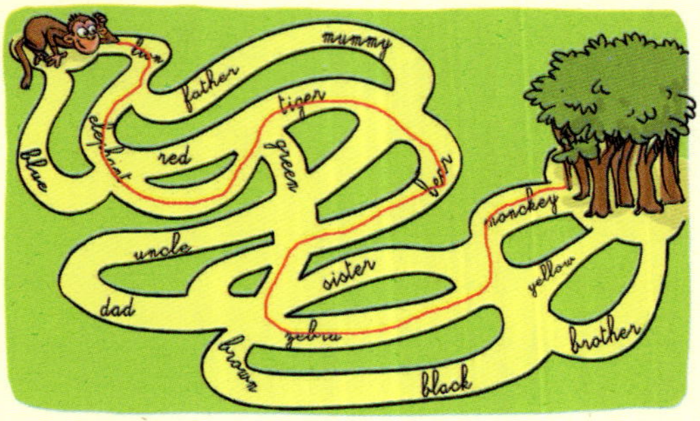

2

TI	PHANT
MON	AR
ZE	GER
ELE	ON
LI	KEY
BE	BRA

monkey – tiger – zebra – lion – bear - elephant

3

T	**I**	G	E	R		
			L			
		B	E	A	**R**	
			P			
			H			
			A		Z	
	M	O	N	K	**E**	Y
			T		B	
					R	
					A	

Unité 16 p. 36

1

2 Peter is **in** the bedroom.
Paul is **under** the bed.
Pamela is **on** the chair.
Pat is **under** the table.

3 ☒ The book is under the desk.
☒ The book is in the schoolbag.
☒ The book is on the TV set.
☒ The book is in the cupboard.

Unité 17 p. 38

1 Lucas → eat - Emma → drink - Raphaël → swim - Andrea → run - Romane → jump

2 Jump – swim - fly - run

3

A	R	S	D	**E**	N	I
M	I	L	L	**A**	H	**R**
J	**U**	**M**	**P**	**T**	C	**U**
R	M	O	P	B	J	**N**
Q	E	L	**S**	**W**	**I**	**M**
P	A	**D**	O	S	P	C
L	**W**	**R**	**I**	**T**	**E**	S
A	Z	**I**	D	B	P	M
Y	S	**N**	X	J	B	A
G	U	**K**	N	N	E	G

Unité 18 p. 40

1 Brian wears an orange hat, brown shoes, and he has got blue eyes, black hair and he has got a monkey.

2

Le personnage à entourer est celui qui a un tee-shirt jaune.

3 a) It's Anna. - b) It's Laura. - c) It's Kate. - d) It's Andrea.

Unité 19 p. 42

2 I like english. I don't like butter. I like my sister. I don't like this photograph. I like my red t-shirt.

Unité 20 p. 44

1

- MONDAY → 2
- SUNDAY → 1
- FRIDAY → 6
- THURSDAY → 5
- TUESDAY → 3
- WEDNESDAY → 4
- SATURDAY → 7

2

F	O	T	U	E	S	D	A	Y
R	S	A	T	U	R	D	A	Y
I	R	I	S	U	N	D	A	Y
D	A	Y	M	O	N	D	A	Y
A	T	H	U	R	S	D	A	Y
Y	D	A	Y	M	U	R	Q	O

Le jour manquant dans la grille est Wednesday.

Unité 21 p. 46

1

P	O	L	I	C	E	M	A	N	W	T
Y	B	F	S	R	E	I	K	N	D	X
C	A	A	I	T	E	A	C	H	E	R
O	Z	R	S	A	E	H	B	I	K	M
O	C	M	J	A	C	T	O	R	G	T
K	V	E	D	V	U	I	O	S	N	R
E	H	R	S	P	A	I	N	T	E	R
R	P	O	S	T	M	A	N	X	I	Y

Policeman – farmer – cooker – teacher – painter – postman – actor

2 Policeman. Painter. Postman.

3

2 Remets les lettres dans le bon ordre pour trouver la saison correspondant aux indices.

It is hot and sunny. It is UMSREM ....

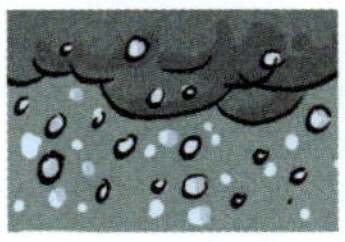

It is cold. There is snow. It is INREWT ....

It is cloudy and windy. It is TUUMAN ....

La neige se dit **snow** en anglais. **It's snowing** signifie il neige.

3 Observe bien la carte du Royaume-Uni et les symboles météorologiques puis réponds aux questions.

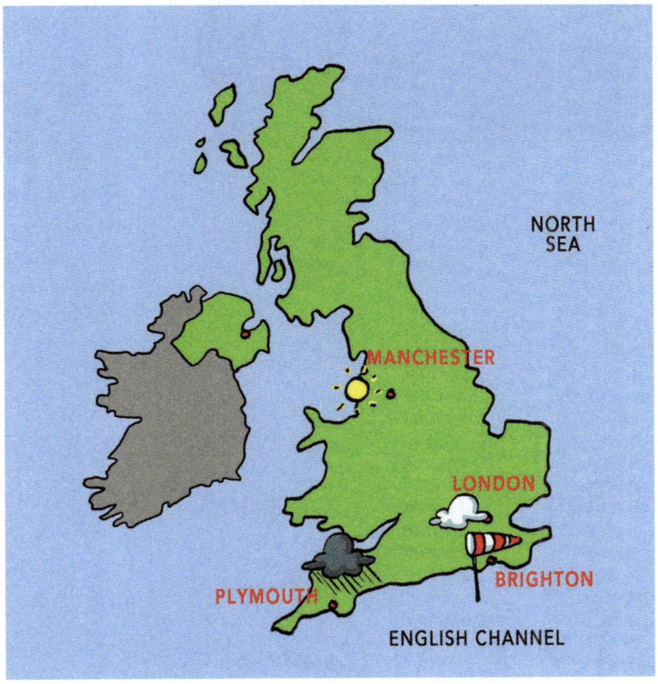

What's the weather like in London? It's ....

Is it raining in Manchester? .... it's ....

What's the weather like in Brighton? It's ....

Today, is it sunny in Plymouth? .... it's ....

Corrigés p. 4

....

11 Les nombres. Numbers.

JE COMPRENDS

Attention à la prononciation de **eleven**. Le « e » intitial se prononce « i ».

1 **Colorie le ballon de la même couleur que l'étiquette qui lui correspond.**

2 **Écris les nombres en lettres sur les dominos puis fais les additions et écris le résultat obtenu.**

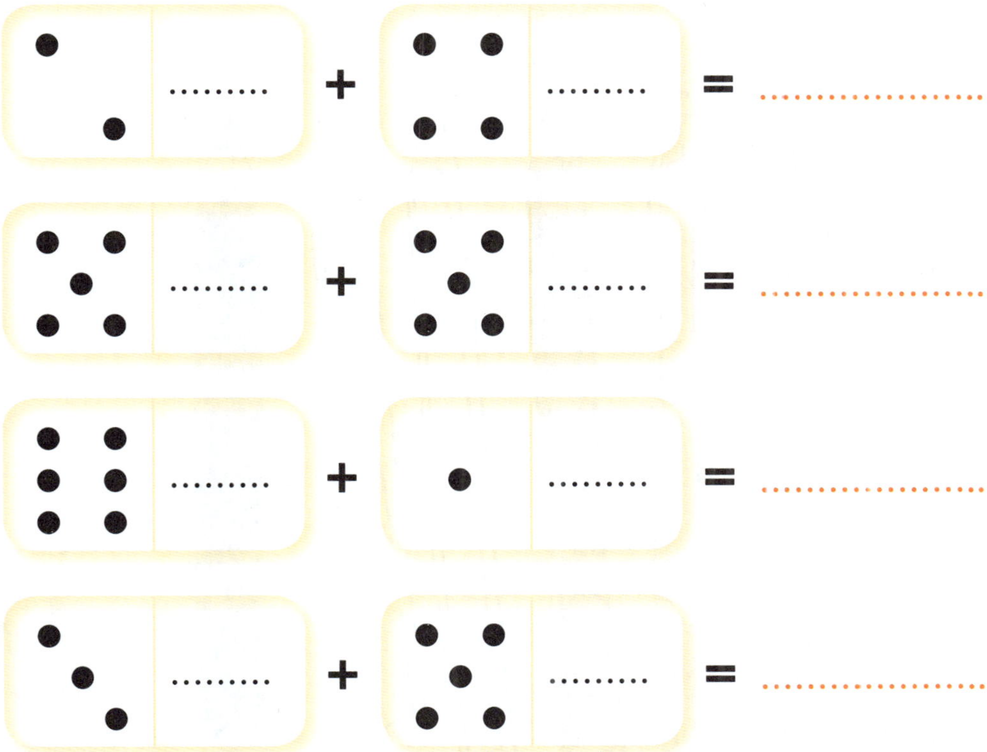

3 **Écris ces numéros de téléphone en toutes lettres puis écris sur l'écran du téléphone celui de ta maison en chiffres.**

06 78 34 27 89 0 six..

....

04 28 59 00 87 ....

....

01 18 56 99 23 ....

....

Le o d'un numéro de téléphone se dit et s'écrit O comme la lettre.
Les numéros de téléphone se lisent un par un.

Corrigés p. 4-5

....

12 Les couleurs. Colours.

JE COMPRENDS

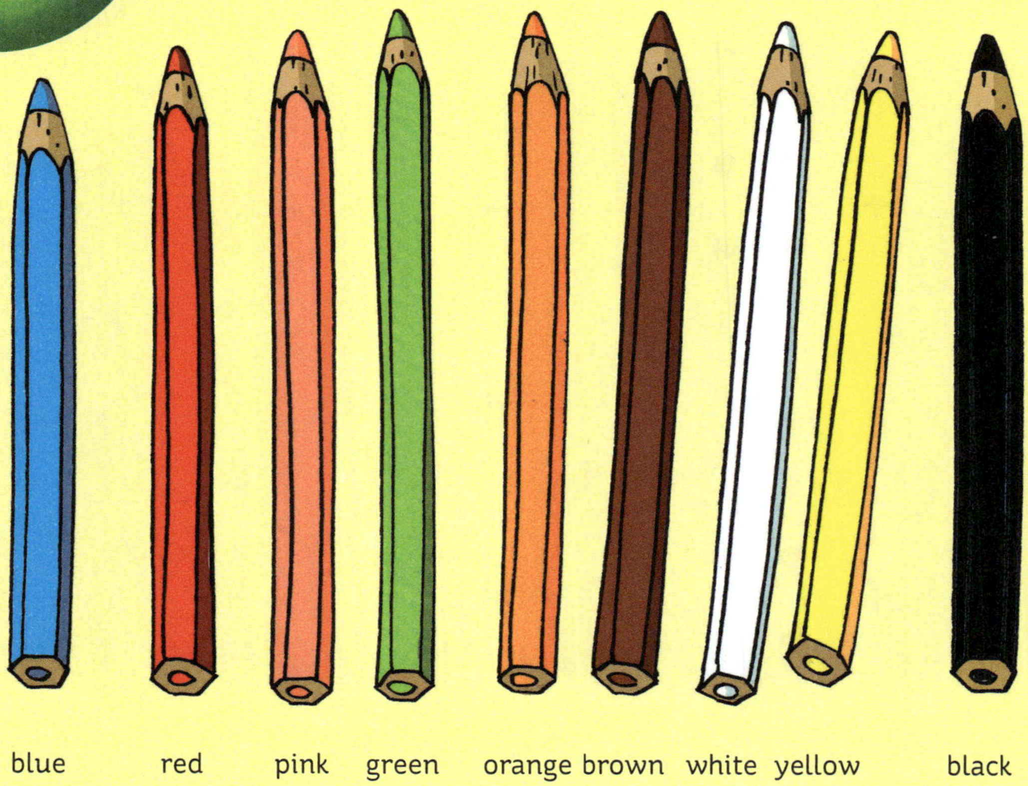

Le **k** final de **pink** et de **black** se prononce « **que** ». Par contre, il faut parfois écrire un **c** avant le **k**, comme dans le mot **black**.

1 **Colorie ce dessin en suivant les instructions de couleur.**

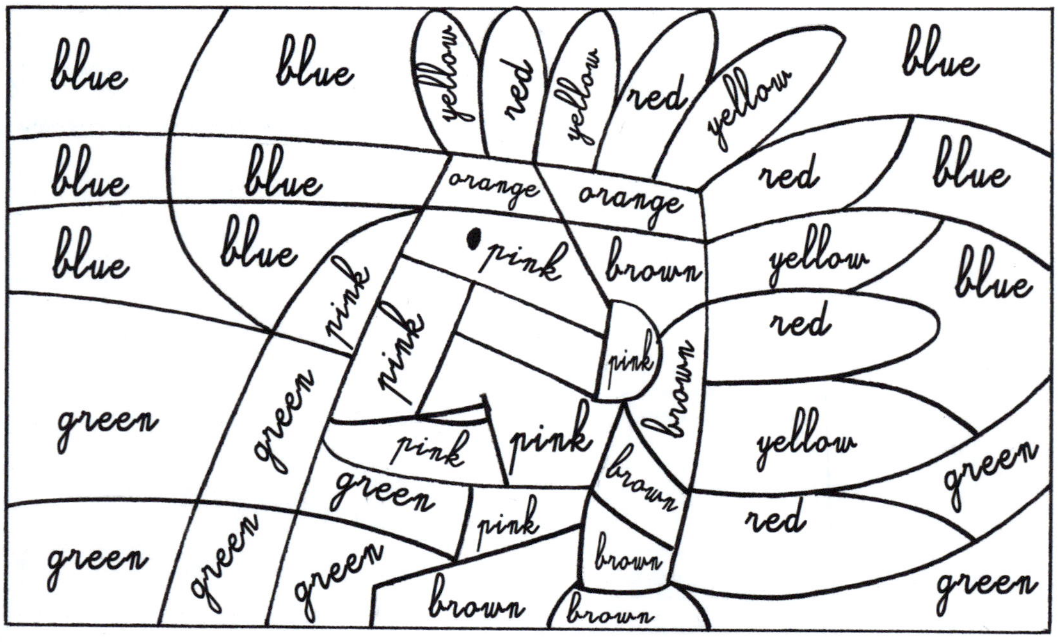

2 Colorie les objets de Mary et de John selon les indications données.

His t-shirt is blue.
His cap is red.
His pen is green.
His bag is orange.

Her bike is pink.
Her book is blue.
Her skirt is brown.
Her t-shirt is yellow.

On utilise **her** quand le possesseur est une fille, **his** quand c'est un garçon.

Casquette se dit **cap** et vélo se dit **bike**.

3 Entoure sur le dessin tout ce qui est *red* et/ou *yellow*.

Corrigés p. 5

....

13 Quelle heure est-il ? What time is it?

JE COMPRENDS

It's 8 o'clock.

It's 3 o'clock.

Une horloge se dit **clock** en anglais. On utilise **o'clock** pour donner l'heure pile.

1 **Ces montres ont perdu leurs aiguilles. Dessine-les en fonction des heures indiquées.**

It's 6 o'clock.

It's 12 o'clock.

It's 5 o'clock.

It's 10 o'clock.

2 Entoure la réponse qui correspond à l'heure indiquée par chaque horloge.

It's twelve o'clock.	It's two o'clock.	It's six o'clock.
It's eleven o'clock.	It's four o'clock.	It's seven o'clock.

3 Relie l'affirmation à l'horloge qui correspond au bon moment de la journée.

- I get up at •

• 

- I have dinner at •

• 

- I have lunch at •

• 

- I go to bed at •

• 

Get up signifie se lever du lit. Lorsqu'on va se coucher le soir, on dit **I go to bed**.

Corrigés p. 5

14 Les animaux de la ferme.
Farm animals.

JE COMPRENDS

Le fermier se dit **farmer**. **The farmer's wife** est la fermière.

1 **Entoure le nom de l'animal pour chaque dessin.**

cow - donkey - pig

pig - chicken - chick

horse - chick - duck

horse - donkey - cow

chick - pig - cow

donkey - chicken - bird

2 **Des animaux de la ferme se sont égarés dans la jungle. Retrouve-les et écris leurs noms sous le dessin.**

....

....

En anglais, le mot **jungle** s'écrit comme en français.

3 **Relie chaque nom d'animal à son habitat.**

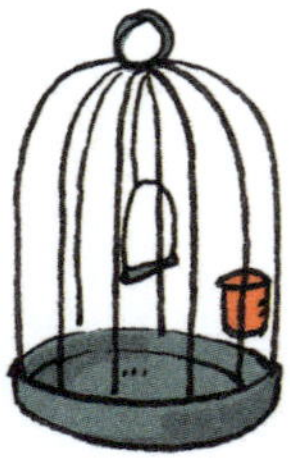

bird cat dog duck horse cow

Cage en anglais est utilisé pour les cages d'animaux. Pour les oiseaux, on utilise le mot **birdcage**.

Corrigés p. 5-6

....

15 Au zoo. At the zoo.

JE COMPRENDS

Le « i » de **tiger** et de **lion** se prononce « **aï** ».
Zoo se prononce « **zou** ».

1 **Aide ce singe à emprunter la route des noms d'animaux pour qu'il puisse rejoindre la forêt.**

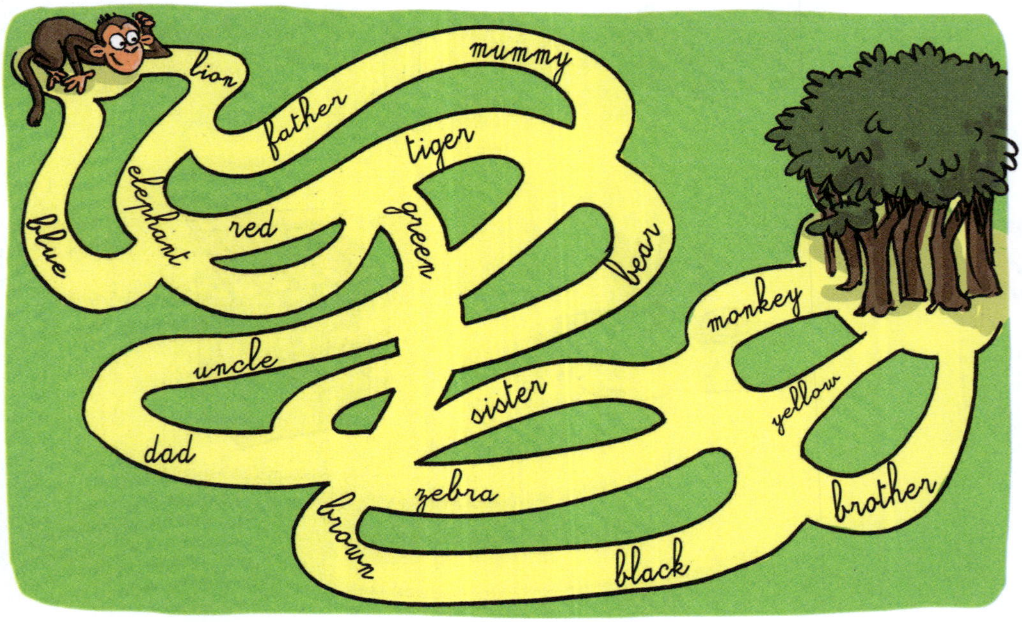

2 **Relie les éléments de gauche à ceux de droite pour reconstituer le nom des animaux du zoo et écris-les sous chaque dessin.**

TI •	• PHANT
MON •	• AR
ZE •	• GER
ELE •	• ON
LI •	• KEY
BE •	• BRA

....

....

....

....

....

....

3 **Complète cette grille avec les noms des animaux du zoo.**

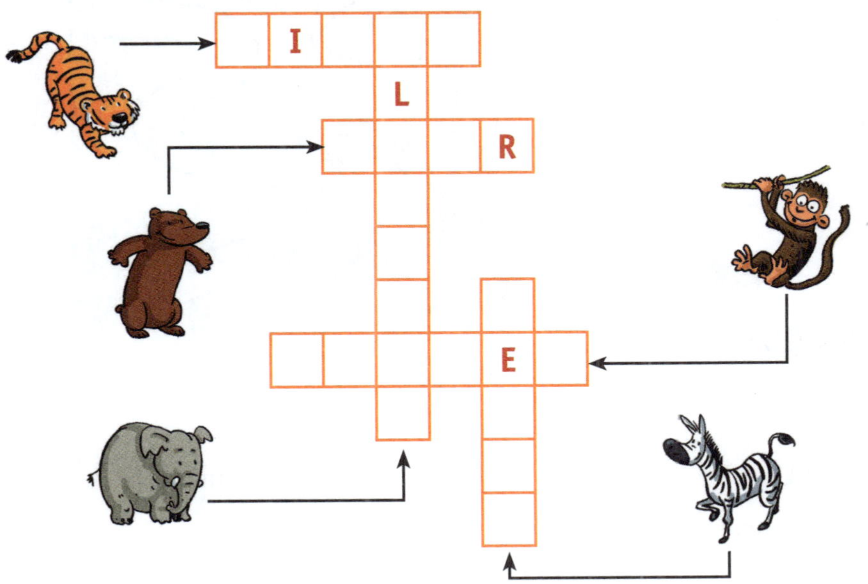

Corrigés p. 6

....

16 Où est-ce ? Where is it?

JE COMPRENDS

The butterfly is **on** the box.

The butterfly is **in** the box.

The butterfly is **under** the box.

Le **y** de **butterfly** se lit « **aï** ».

1 **Suis les instructions et relie les animaux à l'endroit demandé.**

Serpent se dit **snake** en anglais, pont **bridge** et lac **lake**.

- The lion is under the tree.
- The snake is under the bridge.
- The monkey is on the house.
- The fish is in the lake.

2 Les enfants jouent à cachecache. Suis chaque fil pour dire où ils se cachent puis complète les phrases.

Peter is .... the bedroom.

Paul is .... the bed.

Pamela is .... the chair.

Pat is .... the table.

Jouer à cache-cache se dit **play hide and seek** en anglais.

3 Où se trouve le livre de Ben ? Coche la bonne réponse.

- ◯ The book is in the desk.
- ◯ The book is under the desk.

- ◯ The book is under the schoolbag.
- ◯ The book is in the schoolbag.

- ◯ The book is on the TV set.
- ◯ The book is under the TV set.

- ◯ The book is on the cupboard.
- ◯ The book is in the cupboard.

Desk signifie bureau, **TV set** signifie télévision et placard se dit **cupboard**.

Corrigés p. 6

....

17 Quelques verbes. Some verbs.

JE COMPRENDS

jump

swim

write

eat

drink

run

play

Eat se prononce « it ».

1 **Écris ce que fait chaque enfant à côté de son nom.**

Andrea : ....

Lucas : ....

Romane : ....

Emma : ....

Raphaël : ....

Fly signifie voler.

2 **Que peuvent faire ces animaux ? Entoure la bonne réponse.**

 swim jump run

 run swim drink

 fly run swim

 run eat write

3 **Sept verbes se cachent horizontalement et verticalement dans cette grille. Entoure-les puis écris-les sous la grille.**

A	R	S	D	E	N	I
M	I	L	L	A	H	R
J	U	M	P	T	C	U
R	M	O	P	B	J	N
Q	E	L	S	W	I	M
P	A	D	O	S	P	C
L	W	R	I	T	E	S
A	Z	I	D	B	P	M
Y	S	N	X	J	B	A
G	U	K	N	N	E	G

- ....
- ....
- ....
- ....
- ....
- ....
- ....

Corrigés p. 6

....

18 J'ai, je possède. I have got.

JE COMPRENDS

▸ Pour dire ce que tu possèdes, tu dois utiliser **have** suivi de **got**.
J'ai, je possède → **I have got = I've got**.

He has got : il a, il possède.
She has got : elle a, elle possède.

Une casquette se dit **a cap**.

1 Décris ce personnage en t'aidant des mots donnés par la chouette.

shoes : chaussures
eyes : yeux
hat : chapeau
hair : cheveux
monkey : singe

Brian ....

....

2 **Dessine ce que ces enfants ont dans leur main. Puis entoure celui qui peut dire « I've got a yellow t-shirt ».**

She's got a sandwich.

He's got an ice cream.

3 **De qui s'agit-il ? Sous chaque dessin, écris le prénom de l'enfant décrit.**

Anna has got a bike, a cat and a dog.

Andrea has got a cap, a dog and a cat.

Laura has got a cat, a bag and a bike.

Kate has got a dog, a bike and a bag.

a) It's ....

b) It's ....

c) It's ....

d) It's ....

Corrigés p. 7

....

19 J'aime, je n'aime pas. I like, I don't like.

JE COMPRENDS

- Pour dire ce que tu aimes, tu diras : **I like**.
- Pour dire ce que tu n'aimes pas, tu diras : **I don't like**. (forme contractée de **I do not like**)

1 **Revois le vocabulaire des couleurs** **page 28** **puis dis celles que tu aimes et celles que tu n'aimes pas.**

Purple and **brown** signifient violet et marron.

I like ♥	I don't like ✗
....	....
....	....
....	....
....	....

2 Remets ces mots dans le bon ordre pour former des phrases.

- LIKE I ENGLISH : ....
- DON'T BUTTER LIKE I : ....
- SISTER LIKE MY I : ....
- LIKE THIS PHOTOGRAPH DON'T I : ....
....
- I T-SHIRT LIKE RED MY : ....

Photograph signifie photo.

3 Dessine et écris ce que tu aimes et ce que tu n'aimes pas manger (eat) et boire (drink).

Tu peux utiliser le vocabulaire suivant : milk, water, orange juice, soda, coffee pour les boissons et potatoes, strawberries, carrots, peas, bananas, green beans pour l'alimentation.

DRINK	EAT
....	....
....	....
....	....
....	....

Fraises se dit **strawberries** et **green beans** signifie haricots verts.

Corrigés p. 7

....

20 7 jours. 7 days.

JE COMPRENDS

Les jours de la semaine commencent toujours par une majuscule en anglais.

1 **Complète les étiquettes et relie-les au bon numéro selon l'ordre des jours de la semaine.**

M _ _ _ _ Y

7

S _ _ _ _ _ Y

1   2

5   6

F _ _ _ _ Y

3

S _ _ _ _ _ _ _ Y

T _ _ _ _ _ _ Y

4

W _ _ _ _ _ _ _ Y

T _ _ _ _ _ Y

Sunday est formé du mot **sun** « soleil » et de **day** « jour ». En anglais, la semaine commence par **Sunday**.

2 **Entoure dans la grille les jours de la semaine puis écris celui qui manque.**

F	O	T	U	E	S	D	A	Y
R	S	A	T	U	R	D	A	Y
I	R	I	S	U	N	D	A	Y
D	A	Y	M	O	N	D	A	Y
A	T	H	U	R	S	D	A	Y
Y	D	A	Y	M	U	R	Q	O

Le jour manquant est : W — — — — — D A Y

3 **Complète ces deux pages avec tes activités de la semaine.**

school / tennis / music / football / dance / grandparents / shopping / restaurant / cinema /

Attention, **music** se prononce comme en français mais s'écrit différemment.

Corrigés p. 7

....

21 Les métiers. Jobs.

JE COMPRENDS

Les boites aux lettres sont jaunes en France. En Angleterre, elles sont rouges.

1 Sept métiers se cachent dans la grille. Retrouve-les horizontalement (→)ou verticalement (↓) et écris-les.

P	O	L	I	C	E	M	A	N	W	T
Y	B	F	S	R	E	I	K	N	D	X
C	A	A	I	T	E	A	C	H	E	R
O	Z	R	S	A	E	H	B	I	K	M
O	C	M	J	A	C	T	O	R	G	T
K	V	E	D	V	U	I	O	S	N	R
E	H	R	S	P	A	I	N	T	E	R
R	P	O	S	T	M	A	N	X	I	Y

....

....

....

....

....

....

....

2 **Entoure les trois personnages dont le métier en anglais commence par la lettre P puis écris leur nom.**

P.......................... P.......................... P..........................

3 **Relie ces personnages au lieu où ils travaillent.**

SCHOOL HOSPITAL FARM RESTAURANT THEATER

Corrigés p. 7

....

Lexique

A

actor	acteur
arm	bras
aunt	tante
autumn	automne

B

bathroom	salle de bain
bear	ours
bed	lit
bedroom	chambre
big	grand
bird	oiseau
blue	bleu
body	corps
book	livre
box	boite (boîte)
bread	pain
bridge	pont
brother	frère
brown	marron
butter	beurre
butterfly	papillon

C

cake	gâteau
carrot	carotte
cereals	céréales
chair	chaise
chick	poussin
chicken	poulet
clock	horloge
cloudy	nuageux
cold	froid
cook	cuisinier
cousin	cousin(e)
cow	vache
cupboard	placard

D

desk	bureau
dining room	salle à manger
donkey	âne
door	porte
dress	robe
drink	boire
duck	canard

E

ear	oreille
eat	manger
egg	œuf
eight	huit
elephant	éléphant
eleven	onze
exercise book	cahier
eye	œil

F

face	visage
farm	ferme
farmer	fermier
fast	rapide
father	père
feet	pieds
finger	doigt
fish	poisson
five	cinq
foot	pied
four	quatre
Friday	vendredi

G

garden	jardin
get up	se lever (du lit)
grandma	mamie
grandpa	papi
green	vert

H

hamburger	hamburger
hand	main
happy	heureux
hat	chapeau
have dinner	diner (dîner)
have lunch	déjeuner
head	tête
horse	cheval
hospital	hôpital
hot	chaud
hot chocolate	chocolat chaud
house	maison

I

in	dans

J

jacket	veste
jam	confiture
jeans	jean
jelly	gelée
job	métier
jump	sauter

K

kitchen	cuisine
kite	cerf-volant
knee	genou

L

lake	lac
leg	jambe
like	aimer, apprécier
lion	lion
living room	salon
long	long

M

milk	lait
Monday	lundi
monkey	singe
mother	mère
mouth	bouche

N

neck	cou
nine	neuf
nose	nez

O

on	sur
one	un
orange	orange
orange juice	jus d'orange

P

painter	peintre
peas	petits pois
pen	stylo
pencil	crayon
pencil case	trousse
pig	cochon
pink	rose
play	jouer
policeman	policier
postman	facteur
potato	pomme de terre
pupil	élève

R

red	rouge
roof	toit
rubber	gomme
ruler	règle
run	courir

S

sad	triste
Saturday	samedi
say	dire
school	école
seven	sept
shirt	chemise
shoe	chaussure
short	court
shoulder	épaule
sister	sœur
six	six
skirt	jupe
slipper	chausson
slow	lentement
small	petit
snake	serpent
snow	neige
spring	printemps
summer	été
Sunday	dimanche
sunny	ensoleillé
swim	nager

T

tea	thé
teacher	professeur
teeth	dents
ten	dix
three	trois
Thursday	jeudi
tie	cravate
tiger	tigre
toast	toast
toe	orteil
tomato	tomate
tooth	dent
touch	toucher
tree	arbre
trousers	pantalon
t-shirt	tee-shirt
Tuesday	mardi
twelve	douze
two	deux

U

uncle	oncle
under	sous

W

wall	mur
weather	temps
Wednesday	mercredi
white	blanc
window	fenêtre
windy	venteux
winter	hiver
write	écrire

Y

yellow	jaune

Z

zebra	zèbre